AF268135

L'ARMÉNIE

Anna Yervant AZARIAN

L'ARMÉNIE

AUX ENFANTS DE FRANCE

Ces quelques lignes sont destinées à vous faire connaî-
tre le peuple malheureux pour qui la France fut toujours
la protectrice lointaine et bien-aimée, le pôle d'attrac-
tion et de lumière, et qui fut condamné à mort parce qu'il
gênait les plans de domination mondiale de l'Allemagne
et ses appétits sans frein de lucre et d'orgueil.

A.-Y. AZARIAN

L'ARMENIE

L'Arménie est une contrée de l'Asie antérieure. On distingue la Grande Arménie et la Petite Arménie ou Cilicie.

La Grande Arménie est bornée au Nord par la Mer Noire et la Géorgie ; à l'Est, par la Mer Caspienne ; au Sud, par la Perse et le Kurdistan ; à l'Ouest, par l'Anatolie. La Petite Arménie ou Cilicie est un prolongement de la Grande Arménie vers la Méditerranée, entre l'Anatolie au Nord-Ouest et la Syrie au Sud-Est.

LES ARMENIENS

La Race. — Considérés d'une manière générale, les Arméniens sont des Aryens. Mais les vicissitudes incessantes causées par quatre mille années de guerre, de conquêtes, d'exils, ont mêlé ces Aryens aux populations voisines.

Physiquement, ils sont grands, avec les traits du visage un peu forts, des yeux et des cheveux noirs. Ils sont doux, presque mélancoliques. Mais, quoique fort tranquilles de leur nature, ils repoussent vaillamment les attaques, ainsi qu'ils l'ont prouvé maintes fois au cours des âges.

Les femmes sont remarquables par la beauté et la finesse de leurs traits.

Les Arméniens ont une compréhension naturelle très vive et s'instruisent avec une étonnante rapidité. Ils dépassent même les Slaves par la merveilleuse facilité qu'ils ont d'apprendre et de parler les langues. Ils recherchent avec passion les avantages de l'instruction. Ils sont bons agriculteurs et excellents commerçants.

La Langue. — La langue arménienne est classée par tous les grammairiens dans la famille aryenne. Par la syntaxe, elle est iranienne, et par les mots, elle présente certaines ressemblances avec le grec et les langues slavonnes.

Quoique fort rude et hérissé de consonnes, l'arménien est l'égal de l'ionien pour la richesse des mots et des formes grammaticales. Il a la même flexibilité de construction, la même puissance indéfinie pour les mots composés. La littérature est très riche en poésies, en œuvres d'érudition, de théologie, de métaphysique, de grammaire.

La Musique. — La musique arménienne est une des meilleures qui existent en Orient. Ses mélodies peignent cette sorte de gaieté et de bonheur qu'éprouvent les gens naturellement actifs et industrieux, qui se plaisent dans le travail et n'ont jamais connu l'ennui.

La Religion. — Les Arméniens ont leur Eglise, distincte de l'Eglise latine et de l'Eglise grecque, constituée au quatrième siècle, par Saint Grégoire l'Illuminateur. Ils ont leur pontife suprême, le Catholicos d'Etchmiadzine, leurs prêtres, leurs moines enfermés dans des monastères vénérés.

Il y a aussi des Arméniens Catholiques ou Arméniens-Unis qui reconnaissent la suprématie du Pape de Rome.

Mais ceux-là même qui n'admettent pas le Catholicos comme chef spirituel, le reconnaissent comme le représentant de la nation arménienne.

GEOGRAPHIE

L'Arménie forme le lien naturel entre les hauts plateaux de l'Asie-Mineure ou Anatolie et ceux de l'Iran.

Le Relief. — Le relief est confus et irrégulier.

L'immense labyrinthe des Alpes d'Arménie est dominé par le massif de l'Ararat, masse puissante aux roches noires rayées de neige, et dont les sommets atteignent au Grand Ararat 5.157 mètres d'altitude, au Petit Ararat, 3.596.

L'Ararat. — L'Ararat, superbe montagne, isolée dans sa gloire, fut toujours considérée par les habitants des vallées environnantes comme un sommet divin, et il est tout naturel qu'ils en aient fait la cime sacrée d'où les hommes et les animaux descendirent pour peupler le monde. Les Arméniens montraient l'endroit précis où s'arrêta l'arche de Noé.

Quoique l'Ararat soit d'origine volcanique, l'histoire n'enregistre qu'une éruption, celle de 1840, qui détruisit le riche et populeux village d'Argouri que les Arméniens disaient être le plus ancien de la Terre. En effet, le nom d'Argouri signifie « Plant de vigne » et, d'après la légende, c'est là que le Patriarche Noé planta le premier sarment en descendant de l'arche.

Les Fleuves. — A l'Ouest du Mont Ararat, une chaîne hérissée de cônes volcaniques se détache et forme le Bingôl-Dagh, ou Mont aux mille lacs, où l'*Araxe*, affluent de la mer Caspienne, prend sa source.

Une arête très élevée rattache le Mont aux mille lacs aux montagnes d'Erzéroum. Là, un autre massif très élevé, le Mont des Infidèles, donne naissance au *Tchorok*, affluent de la mer Noire.

Enfin, au sud, sur les pentes d'un contrefort du Mont des Infidèles, jaillit à 2.570 mètres d'altitude, la source de *l'Euphrate*. A un millier de mètres à peine, dans une haute vallée, se trouve la source du *Tigre* dont la réunion à l'Euphrate forme le *Chat-el-Arab*, affluent du Golfe Persique.

Les Lacs. — Dans les dépressions de ce formidable relief sont de grands lacs : lac de Van, lac d'Ourmiah, lac de Gok-Tchaï.

Lac de Van. — Le lac de Van est à l'altitude de 1.625 mètres. Son étendue est de 3.690 kilomètres carrés (six fois environ l'étendue du lac de Genève). Ses eaux contiennent assez de sel pour que ni hommes, ni animaux ne puissent en boire.

Climat. — Le climat de l'Arménie, malgré la latitude qui est celle de l'Italie Méridionale, est rigoureux à cause de l'altitude et du climat continental. Mais, grâce à la complexité du relief et à la prédominance des vents du nord et du nord-ouest venant de la mer Noire, l'Arménie reçoit en abondance les pluies pendant les tempêtes d'été et la neige durant l'hiver. En outre, les vents du sud-ouest qu'envoie la Méditerranée apportent aussi leur part d'humidité. Au bord de la mer Noire, la température est assez douce. Loin de la mer, les froids intenses succèdent aux violentes chaleurs et il n'y a guère de printemps.

Productions. — Les larges vallées, Erivan, Erzéroum, les bords des grands lacs sont très fertiles : les céréales, le tabac, le coton y croissent en abondance et l'on n'y connait pas la nécessité de fumer la terre.

C'est un des pays où les arbres fruitiers, poiriers, cerisiers, abricotiers, noisetiers, donnent les produits les plus savoureux et où les botanistes ont retrouvé la patrie d'espèces nombreuses, entre autres le poirier et la vigne.

Il n'est pas de régions plus verdoyantes que certaines vallées arméniennes, que les environs de certaines villes, de Trébizonde, par exemple : en bas, des orangers, des citronniers, des oliviers, plus haut, des noyers, des châtaigners, des chênes. Plus haut encore, des azalées et des rhododendrons s'étalent en nappes rouges sur les pentes des collines.

Plateaux. — Les pâturages des hauts plateaux, très herbeux à cause de l'abondance des sources, nourrissent des millions de moutons qui servent à l'alimentation de Constantinople et de nombreuses villes de l'Anatolie, ainsi que d'Alep, Damas et même Beyrouth.

L'Arménie est une des contrées les plus belles et les plus fécondes de la zone tempérée, celle qui a donné, en proportion de son étendue, le plus grand nombre de plantes alimentaires.

La faune n'est pas variée. On trouve des buffles, des moutons.

Les chevaux de la vallée de l'Araxe sont de belle race et, quoique pleins de feu, sont d'une extrême douceur.

Les richesses minières sont peu exploitées.

HISTOIRE

L'Arménie fut indépendante, eut des rois renommés et parvint à une certaine puissance. Mais, placée sur la route d'invasion entre les peuples de l'Asie et ceux de l'Europe, elle fut toujours disputée entre ces peuples.

Leur roi le plus illustre fut Tiridate sous lequel les Arméniens, évangélisés par Saint Grégoire l'Illuminateur, devinrent chrétiens (IVe siècle).

La Grande Arménie fut successivement possédée par les Perses, les Romains, les Byzantins.

La Petite Arménie ou Cilicie, érigée en royaume au XIIe siècle, eut des rois distingués, dont plusieurs d'une dynastie française, les Lusignan, et une Constitution de source française, basée sur les Assises d'Antioche. Grâce à sa position géographique et à ses ports, ce royaume prit un grand développement commercial, mais fut détruit par les Turcs au XIVe siècle.

Son dernier roi, Léon VI vint mourir en France et fut enterré dans la basilique de Saint-Denis où l'on voit encore son tombeau.

Quant à la Grande Arménie, après avoir été dévastée par les Seldjoukides et les Mongols, elle fut définitivement asservie par les Turcs Ottomans.

L'ancien Etat arménien est partagé aujourd'hui entre trois empires : la Russie, la Perse, la Turquie.

Arménie russe. — L'Arménie russe comprend principalement la province d'Erivan avec la ville de même nom, et la province d'Elisavetpol avec la ville de Kars.

Arménie persane. — L'Arménie persane a formé l'Azerbeïdjan avec la ville de Tauris.

Colonies arméniennes. — Il y a aussi des colonies arméniennes en France, en Angleterre, en Amérique et dans l'Inde.

L'ARMENIE TURQUE

L'Arménie turque est divisée en cinq provinces ou vilayets : Erzéroum, Mamours-ul-Aziz, Bitlis, Diarbékir et Van.

Les Arméniens sont restés chrétiens au milieu des Musulmans. Mais, dans aucune province de l'empire turc, ils ne formaient la majorité de la population. Ils vivaient parmi les tribus Kurdes qui sont musulmanes et prenaient ainsi le droit de les persécuter. Les Kurdes leur faisaient payer des dîmes, des impositions de toute nature, et les pillaient avec la connivence même des autorités turques.

Les Arméniens étaient surtout nombreux au nord et au sud du lac de Van, dans le Sassoun, c'est-à-dire entre le Tigre et l'Euphrate supérieur, autour des villes d'Erzéroum, Mouch, Bitlis, Diarbékir, et enfin, au fond du golfe d'Alexandrette, dans le Zeïtoun, autour de Marach.

L'Arménie avait été longtemps le champ de bataille des Turcs et des Persans, puis des Turcs et des Russes.

Résignée au joug ottoman, elle le supporta moins patiemment quand les Russes furent devenus les maîtres du pays d'Erivan et eurent occupé Etchmiadzine, résidence de leur chef spirituel, le Catholicos.

Les Russes ont eu en Orient, comme les Français en Occident, le privilège d'éveiller la conscience des nationalités. La nationalité arménienne était d'ailleurs particulièrement vivace. Les misères subies, les révolutions traversées l'avaient fortement trempée. Elle avait pris dans l'oppression une originalité remarquable. Peu de peuples ont, au même degré que les Arméniens, l'amour de la vie, l'énergie prolifique, la patience inlassable et le labeur obstiné qui triomphent de toutes les difficultés. Mais, à cause de ces qualités mêmes et aussi à cause de leur religion, les Turcs et les Kurdes musulmans haïssent les Arméniens chrétiens. Pour le Turc paresseux et le Kurde pillard, l'Arménien a toujours été la victime à dépouiller et à massacrer.

Les revendications successives des Arméniens, auprès du gouvernement turc, pour obtenir : une protection contre les Kurdes pillards, une fixation régulière des impôts, un gouverneur chrétien, et la création d'une commission européenne de contrôle, quoique appuyées par les grandes puissances, n'eurent aucun résultat, et la situation des Arméniens dans l'empire turc devint de plus en plus misérable.

Mais les persécutions, les massacres ne devinrent systématiques et organisés que lorsque l'influence de l'Allemagne devint prépondérante dans l'empire ottoman.

LES MASSACRES

Au seuil de l'ère des massacres arméniens, le cœur manque et la pensée reste confondue. Cinq cent mille, huit cent mille, un million, un million et demi d'êtres humains inoffensifs, torturés, massacrés, un peuple anéanti, pour satisfaire quelques ambitieux sans scrupules et permettre l'expansion économique de l'Allemagne !

La déclaration de la guerre (août 1914) trouva les Arméniens déçus de leurs espérances d'obtenir un traitement plus humain. Depuis les grands massacres de 1894-1896, et ceux d'Adana en 1909, jamais ils n'avaient été tranquilles. En août 1914, ils manifestèrent leurs sympathies pour les Français, les Anglais et les Russes. Beaucoup d'entre eux s'engagèrent sous les drapeaux de la France.

L'Allemagne n'avait jamais pu s'imposer aux Arméniens par une supériorité quelconque. Ceux-ci ont été toujours liés à la France par une amitié faite d'admiration et de confiance, et par de multiples intérêts à l'Angleterre et à la Russie.

Quand, par la volonté de l'Allemagne, la Turquie déclara la guerre aux Alliés, le coup fut terrible pour les Arméniens. Néanmoins, ils gardèrent une attitude loyale vis-à-vis du gouvernement turc, malgré les mesures illégales et oppressives dont ils furent accablés. Mais quand les Russes eurent franchi les frontières et envahi la région de Van, les Arméniens les accueillirent comme des sauveurs. Aussitôt les massacres commencèrent. A Mouch et dans le Sassoun, les Arméniens résistèrent désespérément. Dans le Zeïtoun, ils détruisirent plusieurs bataillons turcs. C'est là que le consul d'Allemagne (celui d'Alep) donna un échantillon de la bonne foi allemande, de la parole d'honneur allemande : il s'entendit avec les autorités turques et l'évêque arménien qui eut confiance en lui, et entama des négociations avec les Arméniens, leur promit la vie sauve s'ils voulaient déposer leurs armes. Les Arméniens crurent à la parole d'un Européen, à la parole allemande, et quittèrent leurs refuges fortifiés. Peu de jours après, hommes, femmes et enfants étaient massacrés.

Dans le massif du Djebel-Moussa, au bord de la Méditerranée, les Arméniens se défendirent héroïquement. Près de succomber, sans munitions, sans vivres, leurs signaux de détresse furent aperçus par le croiseur français « *Le Guichen* », auquel vinrent se joindre d'autres croiseurs français et anglais qui prirent les quatre mille Arméniens à bord et les transportèrent en Egypte.

Partout où les Arméniens se défendirent, leur résistance fut noyée dans des flots de sang et toutes les . atrocités furent commises sous les yeux et avec le consentement des consuls et des officiers allemands.

Enfin, le 3 juin 1915, après l'échec de l'attaque des Alliés aux Dardanelles, un décret du gouvernement turc ordonna la déportation en masse des Arméniens en Mésopotamie. Ce décret de déportation ne fut qu'une sinistre comédie: c'était l'arrêt de mort de la nation arménienne. Le gouvernement turc voulait en finir une fois pour toutes avec la question arménienne en exterminant tous les Arméniens dans toute la Turquie.

L'exécution de cet arrêt de mort fut effroyable et l'histoire n'a jamais enregistré une pareille hécatombe. On commença par se défaire des hommes valides par la fusillade ou la noyade en masse. Quand il ne resta plus que les vieillards, les femmes et les enfants, on les arracha brutalement à leurs foyers, et ces tristes caravanes sans vêtements, sans vivres, furent poussées à coups de fouets et de baïonnettes à travers les montagnes couvertes de neige ou des plaines brûlantes. Elles n'allèrent pas bien loin. La fatigue, la faim, les tortures sans nom auxquelles ces malheureux furent soumis, diminuèrent rapidement leur nombre et si quelques débris arrivèrent en Mésopotamais, ce fut pour y mourir de fièvre, de faim et de misère.

LES RESPONSABILITES

Le vieil adage : Cherche à qui le crime profite - trouve ici une application saisissante :

Toute puissante à Constantinople, maîtresse absolue de ceux qui détiennent le pouvoir en Turquie, non seulement l'Allemagne n'a pas empêché les déportations et les massacres arméniens, ce qu'elle était en mesure de faire efficacement, mais elle les a encouragés. Les Turcs ont frappé, mais l'Allemagne a tenu le bras qui frappait.

Pour bien comprendre le rôle de l'Allemagne (1), il faut savoir qu'aujourd'hui encore, les Turcs ne sont, en quelque sorte, que campés dans leurs possessions. Ils se sont toujours montrés incapables d'assurer la prospérité économique de leur empire sans l'aide d'un peuple plus actif qu'eux. Les Arméniens avaient toujours eu ce rôle : toute l'administration, la banque et le commerce étaient entre leurs mains et il n'existait dans l'empire ottoman aucun centre prospère qui ne fût dû à leur activité sans égale et à leurs aptitudes commerciales de tout premier ordre.

Habitués aux relations économiques avec la France et l'Angleterre ou la Russie, les Arméniens se faisaient difficilement aux méthodes commerciales allemandes. Aussi bien doués que les Allemands pour le commerce, aussi actifs qu'eux, mais d'intelligence plus souple, et ayant plus de facilité à parler toutes les langues, les Arméniens devenaient des rivaux dangereux pour les Allemands dans les riches provinces de l'empire ottoman sur lesquelles les Allemands avaient jeté leur dévolu. Les Arméniens gênaient les Allemands, les Allemands ont supprimé les Arméniens comme ils ont essayé de supprimer les Belges

---

(1) L'Allemagne tout entière, pas seulement Guillaume II et ses Conseillers, un peuple aussi est responsable de ses gouvernants.

et les Serbes. Pour ceux-ci, le secours est venu, et Belges
et Serbes rentreront victorieusement dans leurs foyers.
Mais pourra-t-on rendre la chaleur et la vie aux foyers
arméniens, la confiance et la force de vivre aux malheureux frappés d'horreur qui ont survécu ?

Locquirec, Septembre, 1916.

"FRANCE - ARMÉNIE"

Secrétaire-Adjoint :

MM. F. MACLER, Professeur d'Arménien à l'Ecole des Langues orientales

Trésorier :

ESCOFFIER, Administrateur du Crédit Lyonnais.

RELATIONS POLITIQUES ET ÉCONOMIQUES

Membres :

MM. J. AULNEAU, Chef-Adjoint du Cabinet du Président de la Chambre.

Comte d'AUNAY, Sénateur, Président du Groupe de la Défense des Intérêts français à l'Etranger.

Victor BERARD, Professeur à l'Ecole des Hautes Etudes.

J. BOURGUIGNON, Conservateur du Château de la Malmaison.

E. CARNOT, Administrateur des Messageries Maritimes.

Edouard CAZALET, Administrateur-Directeur Géneral de la Société Marseillaise de Crédit Industriel et Commercial et de Dépôts.

J. CHARLES-ROUX, Président du Comité Central des Armateurs de France.

André CHERADAME, Publiciste.

Paul DOUMER, Ancien Président de la Chambre des Députés, Sénateur.

Paul ESCUDIER, Député de la Seine, Vice-Président de la Commission des Affaires extérieures.

H. ESTIER, Administrateur des Messageries Maritimes.

Henri GIRAUD, de la Maison « Les Fils de Giraud Frères », Marseille.

Charles HUMBERT, Sénateur de la Meuse.

P. IMBART de la TOUR, de l'Académie des Sciences morales et politiques.

Louis MARTIN, Sénateur, Membre de la Commission des Affaires étrangères.

Ennemond MOREL, de la Maison Chabrières, Morel et Cie, Marseille.

MM. P. PAQUET, Président de la Société de Navigation
Marocaine et Arménienne, N. Paquet et Cie, Marseille.

René PINON, Publiciste.

André TARDIEU, Député de Seine-et-Oise.

A. VLASTO, ancien Vice-Président-Fondateur du
Comptoir National d'Escompte de Paris.

RELATIONS INTELLECTUELLES :

Membres :

M. Paul ADAM, Homme de Lettres.

Mme C. ANDRE, Présidente du Comité de propagande des
A. F. E.

MM. Paul BOYER, Directeur de l'Ecole des Langues orientales.

Henri COULON, Avocat à la Cour d'Appel.

Charles DIEHL, de l'Académie des Inscriptions et
Belles-Lettres.

E. DOUMERGUE, Doyen de la Faculté de Théologie
de Montauban.

J. FINOT, Directeur de « La Revue ».

Mme G. GAULIS, Publiciste.

MM. F. HEROLD, Vice-Président de la Ligue des Droits
de l'Homme.

L. LALOY, Homme de Lettres, Secrétaire général de
l'Opéra.

Marius LEBLOND, Homme de Lettres.

Mme MENARD-DORIAN.

MM. Gabriel MOUREY, Homme de Lettres, Conservateur
du Palais national de Compiègne.

REBELLIAU, de l'Institut, Conservateur de la Bi-
bliothèque de l'Institut.

E. SENART, de l'Académie des Inscriptions et Belles-
Lettres.

SCHLUMBERGER, de l'Académie des Inscriptions et
Belles-Lettres.

G. SEAILLES, Professeur à la Sorbonne.

J. ZEILLER, Professeur d'Histoire à l'Université de
Fribourg.

H. et H. DURVILLE, imprimeurs, 23, rue Saint-Merri, Paris.

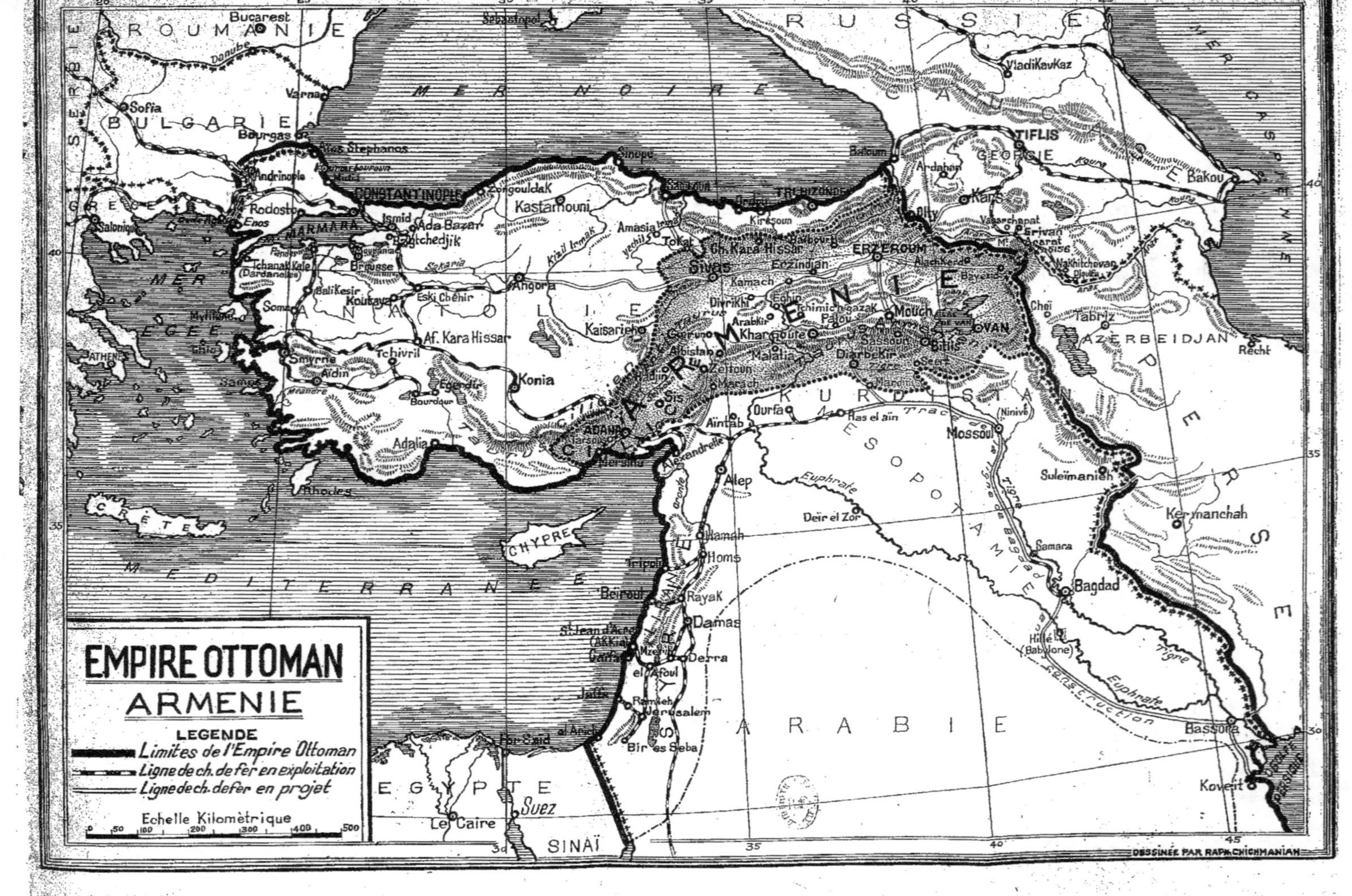

EMPIRE OTTOMAN
ARMENIE
LEGENDE
Limites de l'Empire Ottoman
Ligne de ch. de fer en exploitation
Ligne de ch. de fer en projet
Echelle Kilométrique
0 50 100 200 300 400 500
ROUMANIE
BULGARIE
GRÈCE
RUSSIE
GÉORGIE
AZERBEIDJAN
PERSE
ARABIE
ÉGYPTE
SINAÏ
MER NOIRE
MER ÉGÉE
MER MÉDITERRANÉE
MER CASPIENNE
CRÈTE
CHYPRE
MARMARA
ANATOLIE
ARMÉNIE
KURDISTAN
MÉSOPOTAMIE
CILICIE
LIBAN
Bucarest
Danube
Sofia
Varna
Bourgas
Andrinople
Rodosto
Enos
Salonique
ATHÈNES
Mytilène
Samos
Chio
CONSTANTINOPLE
San Stephanos
Ismid
Ada Bazar
Beytchedjik
Brousse
Pendericke
Tchanak Kalé
(Dardanelles)
Balikésir
Koutaya
Eski Chéhir
Angora
Soma
Smyrne
Aidin
Tchivril
Egerdir
Bourdour
Af. Kara Hissar
Konia
Adalia
Rhodes
Kizil Irmak
Sakaria
Méandre
Kastamouni
Kaisarieh
Sébastopol
Sinope
Congouldak
Amasia
yechil
Tokat
Sivas
Ch. Kara Hissar
Kamach
Erzindjan
Trébizonde
Kirésoun
Baibourt
Divrikh
Arabkir
Kharpoute
Chimichgazak
Palou
Albistan
Malatia
Zeitoun
Marach
Gueruno
Sis
Adana
Marsovan
Mersina
Alexandrette
Aïntab
Ourfa
Ras el aïn
Alep
Deir el Zor
Euphrate
Oronte
Tripoli
Hamah
Homs
Beyrouth
Rayak
Damas
St Jean d'Acre
(Akka)
Caïffa
Mzeirib
el Afoul
Derra
Jaffa
Ramleh
Jérusalem
Bir es Seba
Port-Said
el Arich
Le Caire
Suez
Batoum
Ardahan
TIFLIS
Kars
Vladikavkaz
Bakou
Recht
Tabriz
Choi
Wakhitchevan
M. Ararat
Erivan
Vassarchapat
ERZEROUM
Alach Ker
Bayezid
Mouch
Bitlis
Séert
Diarbekir
VAN
Mardin
Mossoul
Ninive
Tigre
Suleïmanieh
Kermanchah
Samara
Bagdad
Hillé
(Babylone)
Euphrate
Trans Erraction
Ligne de Bagdad
Bassora
Koweït
DESSINÉE PAR RAPH. CHICHMANIAN

9 782012 959194